Einsterns Schwester

4

Trainingsheft
zum Grundwortschatz

Herausgegeben von
Roland Bauer, Jutta Maurach

Erarbeitet von
Martina Schramm

In Zusammenarbeit mit
der Redaktion Grundschule Deutsch 2–4

Cornelsen

Inhaltsverzeichnis

Ab Seite 4 findest du jeweils unten auf der Seite Wörter, die du mit der **Lernwörterkartei** üben kannst.

Du kannst für die vierte Klasse eine neue Kartei anlegen oder die ergänzen, mit der du schon Lolas Lernwörter geübt hast.

Für eine Lernwörterkartei brauchst du:

- einen Karteikasten,
- passende Kärtchen mit Linien,
- drei Trennkärtchen für vier Fächer.

So legst du die Kartei nach und nach an:

- Schreibe jedes Lernwort auf ein Kärtchen.
- Schreibe zu jedem Wort das Zeichen, das beim Üben dieses Wortes hilft.

  Notiere auch das Verlängerungs- oder Ableitungswort.

- Markiere wichtige Stellen im Wort.

So übst du mit den Wortkärtchen:

1. **Lies** das Wort auf der Karte.
2. Drehe die Karte um.
3. **Schreibe** das Wort in ein Heft.
4. **Kontrolliere** und verbessere.
   - Wörter, die du richtig geschrieben hast, rücken ein Fach weiter.
   - Wörter, die du falsch geschrieben hast, bleiben vorn und du übst sie nochmals.
   - Lass dir die Wörter auch von einem Partnerkind diktieren oder diktiere sie dir selbst mit einer Sprachaufnahme.

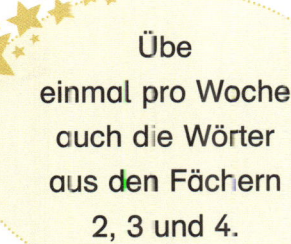

Übe einmal pro Woche auch die Wörter aus den Fächern 2, 3 und 4.

Mein Tipp:
Kleine Wörter so oft üben,
dass du sie ganz sicher lesen
und schreiben kannst.

① Lies die kleinen Wörter
mehrmals halblaut.
Steigere dein Tempo.

vorher	erster	niemand	bereits	irgend
mehr	selber	jemand	herein	davor
genug	raus	letzter	wenn	fast

② Schreibe mit den Wörtern aus ① ein Dosendiktat.

S. 4 ②
...

So geht es:
- jedes Wort auf ein Kärtchen schreiben,
- ein Wort lesen, sich merken und in die Dose stecken,
- Wort auswendig aufschreiben,
- so mit allen Kärtchen verfahren,
- am Ende Wörter aus der Dose holen,
  vergleichen und korrigieren.

③ Ordne die Wörter auf den Kärtchen aus ②
nach dem Alphabet.
Schreibe sie nochmals in alphabetischer Folge auf.

S. 4 ③
bereits, ...

gerne, heraus, links, rechts

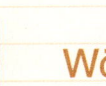

① Schreibe die Nomen nach dem Alphabet geordnet auf.

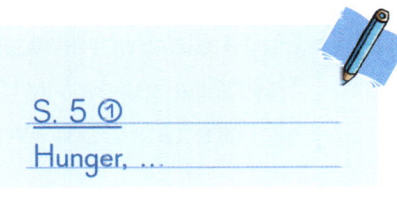

S. 5 ①
Hunger, ...

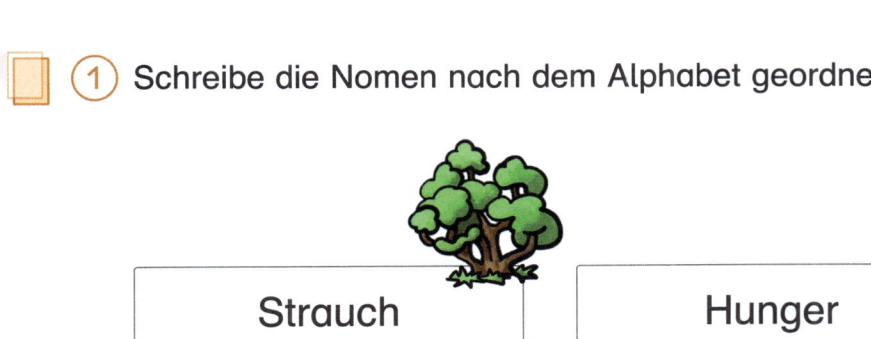

| Strauch | Hunger | Verwandtschaft |

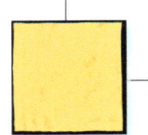

| Quadrat | Teufel | Nachbar |

② Schreibe die Wörter nach dem Alphabet geordnet auf.

S. 5 ②
bequem, ...

| Kirche | schief | Kunst |

| gestern | bequem | Stirn |

③ Schreibe nur die Sätze ab,
die Wörter aus ① und ② enthalten.

S. 5 ③
A: Lola hat sich
gestern ...

A   Lola hat sich gestern als kleiner Teufel verkleidet.

B   Unser Nachbar hat eine große Verwandtschaft.

C   Im Schwimmbad war es heute sehr voll und laut.

D   In der Kirche wurde auch Kunst ausgestellt.

E   Der Stuhl ist schief und nicht sehr bequem.

ω   der Teufel, tief, die Tiefe, das Ungeheuer

① Prüfe die Schreibweisen mit dem Wörterbuch.
Schreibe jedes Wort mit dem Artikel richtig auf.
Notiere aus dem Wörterbuch auch den Plural.

S. 6 ①
das Training, die Trainings,
...

Hier ist immer
nur eine Schreibweise
richtig.

Träning	Skizze	Thermometer
Training	Skitze	Termometer
Magneht	Atvent	Interwiew
Magnet	Advent	Interview
Sillvester	Dedektiv	Zirkel
Silvester	Detektiv	Zierkel

② Schreibe die Sätze ab und ergänze
passende Wörter aus ①.

S. 6 ②
A: Am 31. Dezember ist ...
B: ...

A Am 31. Dezember ist ▢.

B Im ▢ zünden wir Kerzen auf einem Kranz an.

C Ein ▢ stellt Ermittlungen an und findet Dinge heraus.

D Wer Sport macht, geht oft zum ▢.

E Eine kleine Zeichnung nennt man auch ▢.

F Das ▢ zeigt an, wie warm oder kalt es gerade ist.

G Ein ▢ zieht Dinge aus bestimmten Metallen an.

M die E-Mail, mailen, die Technik, trainieren, das Training

1 Finde den Infinitiv dieser Verben im Wörterbuch.
Schreibe jedes Verb mit seinem Infinitiv auf.

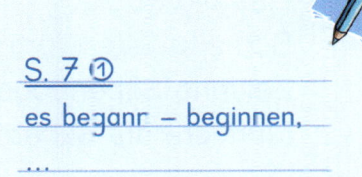
S. 7 ①
es begann – beginnen,
...

es begann	es fraß	er ließ
sie riss	er schloss	sie schob
sie verbot	er zog	sie bog

2 Schreibe zu den Nebenstichwörtern jeweils
ein verwandtes Wort auf,
unter dem du nachschlagen kannst.

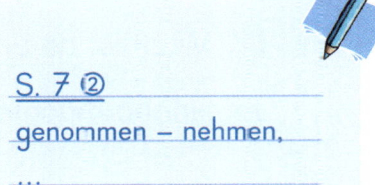
S. 7 ②
genommen – nehmen,
...

Verben muss man
ohne Vorsilbe nachschlagen und
hier auch noch den **richtigen
Infinitiv** finden.

genommen	gehangen	gestritten
gerochen	gestrichen	geschwiegen

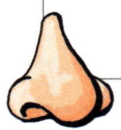 

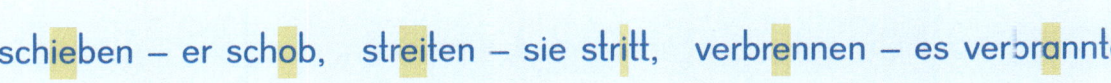 

schieben – er schob,   streiten – sie stritt,   verbrennen – es verbrannte

① Lies die Sätze.
Schreibe alle Wörter mit drei Silben heraus.
Zeichne Silbenbögen ein.
Markiere die Silbenkerne.

S. 8 ①
A: entgegen
B: ...

A Malik geht seiner Mutter auf der Straße entgegen.

B Koki möchte gern länger fernsehen dürfen, vor allem abends.

C Tim soll seine Flasche mit Wasser mitnehmen.

D Rani nimmt sich für unterwegs einen Apfel und ein Brot mit.

E Lisa meint, dass es nirgendwo schöner sei als bei ihr.

F Es nahmen Tausende Menschen an der Demo teil.

G Bente muss leider umkehren, weil ihr Fahrrad kaputt ist.

H Herr Kuzu will sich morgens auf keinen Fall verspäten.

I Milan ist natürlich der beste Freund von Emil.

J Hanna möchte am Sonntag eine lange Wanderung machen.

② Schreibe die Unsinnssätze ab.
Kontrolliere mit Silbenbögen.

S. 8 ②
A: Angler Alfred ...
B: ...

A Angler Alfred Angelschnur angelt anders
als andere Angler.

B Bruno Bier bekommt bald billige Brötchen
beim Bäcker.

C Gildo gibt Gilda gerade ganz glücklich
große Geschenke.

D Waldemar Wald will wohl wirklich wieder
wunderbare Wolken wiegen.

‿ empfindlich, entgegen, genügend, unterwegs

① Schreibe die Nomen vollständig mit ihrem Artikel auf.
Markiere die Silbenkerne.

S. 9 ①
die Zitrone, die ...

*Es sind alles Dinge,
die man essen kann.*

die Z★tr★n★   die G★rk★   die K★rt★ff★l

die M★nd★r★n★   die P★zz★   der P★lz

die W★rst   die P★pr★k★   die N★ss

② Lies den Text.
Stelle die Silben der markierten Wörter um.
Schreibe die Wörter auf. Zeichne Silbenbögen ein.

S. 9 ②
Temperaturen, ...

Ein schöner Tag

Bei Temrapeturen weit über dreißig Grad war es sehr heiß.
Der Unrichtter war daher früh beendet. Mio und Finn sollten lichgertei
ihre Zimmer menräuauf und auf den kleinen Bruder senaufpas.
Doch dann kam der Opa zu Besuch und die Jungen hatten die Erlaubnis,
nach dem Mitestagsen sammenzu ins Freibad zu denschwinver. Nur ein
kurzer Spagangzier war es bis dorthin. Sie konnten es kaum erwarten,
sich endlich ein wenig abzukühlen. Danach kauften die Kinder sich
zwei große Becher Linamode, denn sie hatten vom Opa sogar noch
ein wenig Geld menkombe. Der Vater hatte die Kinder allerdings tengebe,
nicht zu spät nach Hause zu kommen, lichtürna vor dem Geterwit.

ω danach, endlich, die Erlaubnis, erwarten, sogar, zusammen

① Tausche die Silbenkerne.
Schreibe die Nomen mit ihrem Artikel richtig auf.

S. 10 ①+②
der Bügel, die …

der Begül

die Frechtü

das Gäpeck

der Schlessül

das Retsäl

das Gäscheft

die Kechö

die Zegü

die Sterkä

der Reckün

die Weschä

die Welfö

② Markiere bei deinen Nomen zu ① alle Umlaute gelb.
Unterstreiche die Nomen im Plural.

③ Finde und notiere die Nomen aus ①,
die in den Sätzen beschrieben werden.

S. 10 ③
A: die Köche,
B: der …

| A | Sie bereiten das Essen zu. |

| B | Er hängt im Kleiderschrank. |

| C | Sie sind Teil einer Pflanze und man kann sie essen. |

| D | Man steckt sie in eine Maschine, damit sie sauber wird. |

| E | Sie bringen uns von einem Ort zum anderen. |

| F | Auf einer Reise hat man es meistens. |

| G | Es zwingt uns zum Nachdenken und Grübeln. |

Ich muss hier
auch gerade nachdenken
und grübeln.

ω   der Bügel, die Küste, die Möwe, pünktlich, das Rätsel

① Überlege, ob du **ä** oder **äu** einsetzen musst.
Schreibe die Wörter zunächst untereinander auf.

S. 11 ①+②
äußerlich ↯ außen,
...

★ßerlich	der F★cher	bl★lich
die St★dte	die B★der	er f★ngt
qu★len	die Sch★tze	br★nlich

| die G★nse | gl★nzen | die L★nge |

② Schreibe zu jedem Wort aus ① ein verwandtes Wort,
von dem du ableiten kannst.

③ Schreibe sinnvolle oder lustige Sätze mit den Wörtern
aus jedem Rahmen.

S. 11 ③
Ein Kätzchen ...

| Kätzchen ★ Kälte | Ärzte ★ äußerlich |

| Schätze ★ Päckchen | Fußgänger ★ gefährlich |

| erzählen ★ erkältet | Gebäude ★ Gepäck |

die Blätter ↯ das Blatt,   die Fächer ↯ das Fach,
gefährlich ↯ die Gefahr,   läuten ↯ laut

① Finde zu jedem Muster das passende Merkwort mit ä. Schreibe es auf.

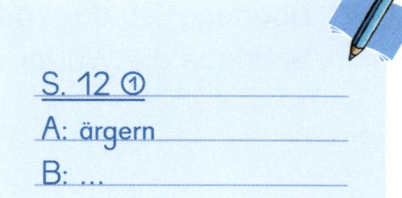

S. 12 ①
A: ärgern
B: ...

A    B

C    D

E   F   G   H

| nämlich | Träne | Mädchen | Käfer | Lärm | ähnlich | vorwärts | ärgern |

② Schreibe die Sätze ab und ergänze die Merkwörter aus ① passend.

S. 12 ②
A: Am Fenster ...
B: ...

A Am Fenster krabbelt ein kleiner ▮.

B Manchmal ▮ die großen Kinder die kleinen.

C Bente sieht ihrer Mutter sehr ▮.

D Manchmal hat man vor Freude eine ▮ im Auge.

E ▮ kann die Kinder beim Lernen stören.

F In einem Stau kommt man mit dem Auto kaum ▮.

G Das ▮ von nebenan hat sich das Bein gebrochen.
   Sie hatte ▮ einen Unfall mit ihrem Fahrrad.

Wie viele **Merkwörter mit ä** kannst du nun auswendig aufschreiben?

M der Käse, das Mädchen, das Märchen, der März, die Säge

① Finde die richtige Schreibweise.
Verlängere dazu die Wörter und Wortstämme.
Schreibe wie im Beispiel.

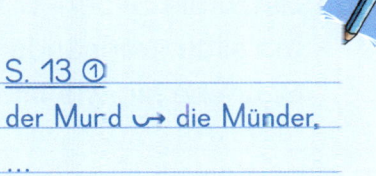

S. 13 ①
der Murd ↪ die Münder,
...

| der Munt/d | sie bog/k | fremt/d | der Erfolk/g |

| er bewek/gt | fertik/g | sie leb/pt | er schweik/gt |

| die Übung/k | durstik/g | sie zeik/gt | der Zuk/g |

| er sink/gt | das Liet/d | die Kunsd/t | sie wing/kt |

② Schreibe nur die Sätze ab, die stimmen.
Unterstreiche alle Wörter, die auch in ① vorkommen.

S. 13 ②
A: Wer etwas ...

| A | Wer etwas trinken möchte, ist durstig.

| B | Mit einem Zug kann man nur nachts fahren.

| C | Es ist gut für den Körper, wenn man sich viel bewegt.

| D | Wer etwas nicht gut kann, braucht oft mehr Übung.

| E | Wenn die Hausaufgaben erledigt sind, ist man damit fertig.

| F | Bilder und Musik kann man auch Kunst nennen.

| G | Jeder Mensch lebt am liebsten allein.

| H | Durch den Mund und die Nase kann man atmen.

Ich bin auch
Kunst!

blond ↪ der blonde Mann, die Burg ↪ die Burgen, sie lebt ↪ leben

1 Setze die Silben zu acht Verben
mit silbentrennendem **h** zusammen.
Schreibe sie wie im Beispiel mit Silbenbögen auf.

glü	nä	blü	dre
verste	fernse	dro	ge

hen

S. 14 ①
glühen, ...

2 Verlängere die Wörter.
Schreibe sie wie im Beispiel auf.

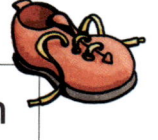

nah	froh	das Reh

der Zeh	der Floh

die Kuh	roh	der Schuh

S. 14 ②
nah ↪ näher,
...

3 Finde passende Wörter aus ② und
schreibe das Gedicht vollständig auf.

Wer nicht traurig ist, ist ▢.

Was gekocht ist, ist nicht ▢.

Wenn's im Stall muht, ist's die ▢.

Wenn's am Fuß drückt, ist's der ▢.

Am Fuß ist mehr als nur ein ▢.

Wenn man hinfällt, tut's meist weh.

S. 14 ③
Wer nicht ...

Das Reimen
macht die Lola froh,
das ist nicht nur
heute so.

◡ glühen, die Höhe, leihen, die Ruhe, ruhig

1 Finde zu jedem Muster
das passende Merkwort mit **ß**.
Schreibe es auf.

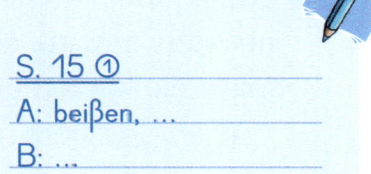

S. 15 ①
A: beißen, ...
B: ...

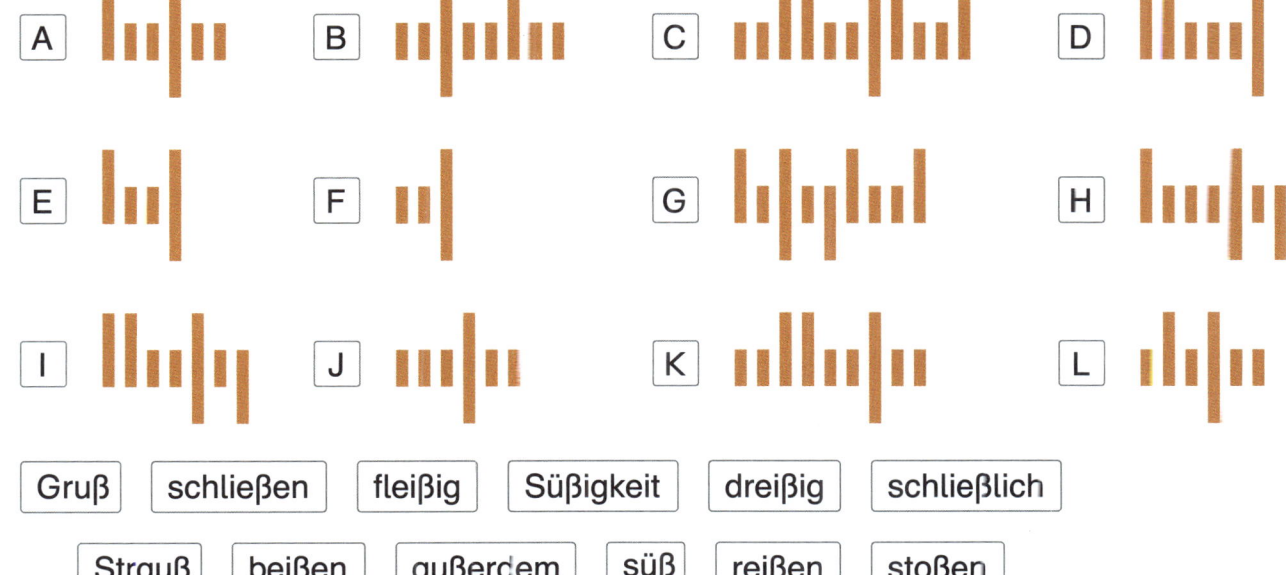

| Gruß | schließen | fleißig | Süßigkeit | dreißig | schließlich |

| Strauß | beißen | außerdem | süß | reißen | stoßen |

2 Entscheide, ob **s** oder **ß** passt.
Schreibe die Wörter richtig auf.

S. 15 ②
draußen, ...

| drau⭐en | die Krei⭐e | die Spä⭐e | gro⭐ |

| flie⭐en | rie⭐ig | lei⭐e | schlie⭐en |

| die Sträu⭐e | die Va⭐e | die Grä⭐er | die Stra⭐e |

M außerdem, beißen, draußen, schließlich

① Ordne jedem Infinitiv die passende Personalform
im Präteritum zu. Markiere **ss** und **ß**
sowie die kurzen und langen Laute wie im Beispiel.

S. 16 ①
messen – sie maß, ...

messen	vergessen	reißen	gießen
fließen	schießen	beißen	essen
sie goss	er aß	sie vergaß	er riss
sie schoss	sie maß	er biss	es floss

② Ordne die Verbformen passend zu.
Schreibe die Sätze vollständig auf.

gelassen   geschlossen   gewusst   gemessen

gefressen   gebissen   gerissen

S. 16 ②
A: Die Mutter hat ...
B: ...

A Die Mutter hat die Länge des Schrankes ▭.

B Der große Hund hat in sein Spielzeug ▭.

C Koki hat sein Handy lieber zu Hause ▭.

D Malik hat die Lösung der Aufgabe schnell ▭.

E Das Geschäft ist am Samstag immer ▭.

F Opas Hose ist beim Arbeiten ▭.

G Die Katze ist krank und hat nichts ▭.

Ich habe
gewusst, dass
ihr das gut
hinbekommt!

M vergessen – er vergaß, vergesslich, vermissen

1 Löse das Silbenrätsel.
Schreibe die Merkwörter mit **y** vollständig auf.

S. 17 ①
1: Zylinder
...

ja	Hob	Ted	lin	Han		
dy	ty	by	Par	Po		
ra	fon	Zy	Ba	Py	de	Gym
by	der	mi	nas	Dy	dy	mo
tik	na	ma	lo	Xy	Py	ny

1	ein altmodischer schwarzer Hut
2	ein anderes Wort für Schlafanzug
3	etwas, das man sehr gern tut
4	etwas zum Telefonieren, Nachrichten senden und surfen
5	ein Kuscheltier, das viele Kinder haben
6	ein Musikinstrument mit unterschiedlich langen Holzstäben
7	sehr altes Bauwerk in Ägypten mit besonderer Form
8	ein neugeborener Mensch
9	sportliche Übungen, welche die Menschen fit halten
10	ein vierbeiniges Tier, auf dem Kinder gern reiten
11	ein großes Fest
12	ein Gerät, das Strom erzeugen kann

Bei Nummer 9 ist es aber nicht **Yoga**, sondern ein Wort mit drei Silben.

2 Merke dir so viele Wörter mit **y** aus ① , wie du kannst.
Schreibe sie untereinander auf ein Blatt.
Kontrolliere mit Silbenbögen.

M   das Pony, das Xylofon, das Yak, das Yoga

① Diese Nomen mit C oder Ch sind halb verdeckt.
Du kannst sie sicher trotzdem erkennen und lesen.
Schreibe sie mit ihrem Artikel richtig auf.

S. 18 ①
A: die Creme,
B: ...

Diese Übung
finde ich **cool**!

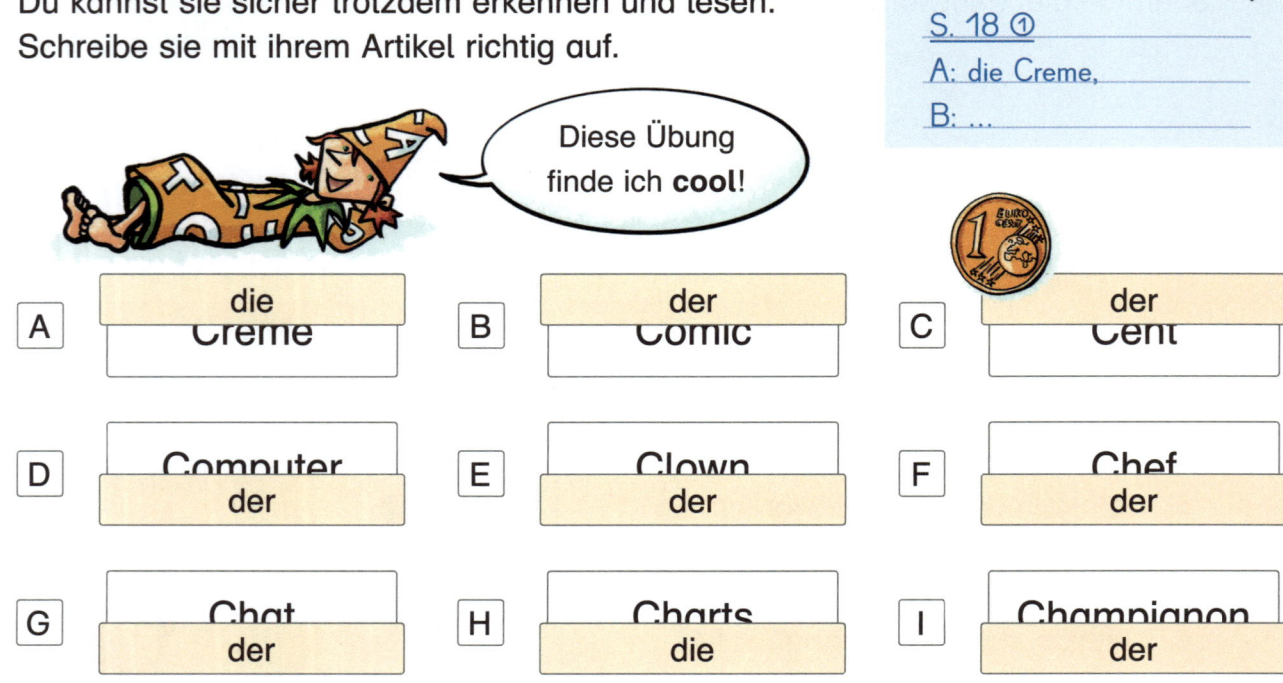

A	die Creme	B	der Comic	C	der Cent
D	der Computer	E	der Clown	F	der Chef
G	der Chat	H	die Charts	I	der Champignon

② Schreibe nur die Sätze ab, die stimmen.
Unterstreiche alle Merkwörter.

S. 18 ②
A: Ein Champignon ist ...

A Ein Champignon ist ein Pilz, den man essen kann.

B Ein Orchester ist ein festlicher Anzug für Männer.

C In einem Chat kann man sich im Internet unterhalten.

D Eine gute Gelegenheit nennt man auch Chance.

E Bei trockener Haut kann eine Creme helfen.

F Ein Chamäleon ist ein Musikinstrument aus Holz.

G Besonders beliebte Musik ist in den Charts.

H Auf einem Campingplatz kann man Urlaub machen.

I Eine Cola ist eine Limo mit Zitronengeschmack.

M der **C**ent, die **C**hance, der **C**hef, der **C**lown

① Schreibe die Nomen mit dem passenden Wortbaustein **heit**, **keit**, **nis** oder **ung** am Ende richtig auf. Unterstreiche die Wortbausteine am Ende.

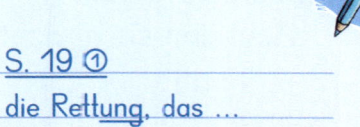

S. 19 ①
die Rettung, das ...

die Rett⭐	das Ergeb⭐	die Flüssig⭐	die Entfern⭐
die Nahr⭐	die Hoffn⭐	die Ernähr⭐	die Feuchtig⭐
die Frei⭐	die Erwart⭐	die Rechn⭐	das Geheim⭐
die Führ⭐	das Erleb⭐	die Fröhlich⭐	die Herstell⭐

② Schreibe nur die Sätze ab, die stimmen. Unterstreiche die Nomen mit den Bausteinen **ung** und **nis**.

S. 19 ②
A: Die Herstellung vor ...

A   Die Herstellung von Kleidung ist aufwendig.

B   Zu viel Fett in der Nahrung ist nicht gesund.

C   Bei einer Verbrennung hilft die Kühlung.

D   Wer Ordnung hält, findet nichts mehr wieder.

E   Über gute Noten auf dem Zeugnis ärgert man sich.

F   Auf einer Rechnung steht, was man bezahlen muss.

G   Ein Ausflug ist meist ein schönes Erlebnis.

H   Ein Geheimnis muss man weitersagen.

Drei Sätze stimmen nicht.

die Krankheit, die Meinung, die Schwierigkeit, das Zeugnis

1 Lies die Sätze.
Schreibe sie in richtiger Groß- und Kleinschreibung auf.

S. 20 ①
A: Jeden Montag ...
B: ...

A JEDEN MONTAG GEHT RANI NACH DER SCHULE ZU IHREM OPA UND BEKOMMT DORT EIN LECKERES MITTAGESSEN.

B KOKI DARF AM WOCHENENDE MEISTENS ETWAS LÄNGER AUFBLEIBEN UND DANN LIEST ER EINEN SPANNENDEN COMIC.

C IN DER NACHT GAB ES EIN ZIEMLICH HEFTIGES GEWITTER UND ES HÖRTE GAR NICHT MEHR AUF ZU REGNEN.

D TIM HAT IM INTERNET EINE INTERESSANTE REISE MIT EINER GRUPPE GEFUNDEN UND MÖCHTE MIT SEINEN ELTERN MITFAHREN.

E ZU BEGINN DER WOCHE DÜRFEN ALLE KINDER EIN SPIELZEUG MITBRINGEN UND DANN GEMEINSAM DAMIT SPIELEN.

hübsch, manchmal, nachdem, niemals, reif, treu

① Ordne die Wörter in eine Tabelle ein.
Kennzeichne den kurzen betonten Vokal
mit einem Punkt (.).
Unterstreiche den langen betonten Vokal (_).

S. 21 ①

kurzer Vokal	langer Vokal
Brạnd	Bo̲den
...	...

Boden	Brand	Sprache	Strom

Wunsch	Kampf	Tiger	krank

Feld	bunt	schlagen	Schnabel

Gans	dumm	Biber	proben

② Schreibe die Sätze ab und
ergänze passende Wörter aus ①.

S. 21 ②
A: Für den Computer ...
B: ...

A Für den Computer und das Handy brauchen wir ▮ .

B Die Blumen auf dem ▮ sind schön bunt.

C Du darfst andere Menschen nicht ▮ und verletzen.

D Wer ▮ ist, hat den Wunsch, gesund zu werden.

E Der ▮ ist ein Nagetier mit kräftigen Zähnen.

F Jeder Vogel hat Federn und einen ▮ .

G Ein anderes Wort für üben ist ▮ .

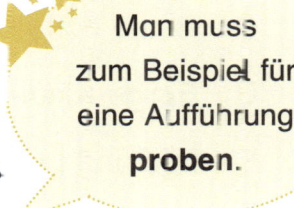

Man muss zum Beispiel für eine Aufführung **proben**.

die Brẹmse, das Gẹld, klu̲g, die Krạft, das Lo̲b, der Schnụpfen

① Ergänze einen passenden doppelten Konsonanten:
rr, ss, mm, nn oder ll.
Schreibe die Wörter vollständig wie im Beispiel auf.

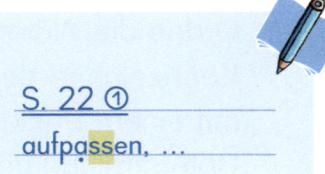

S. 22 ①
aufpassen, ...

Zweimal gibt es zwei
Möglichkeiten. Findest du sie?
Dann schreibe sie beide auf.

| aufpa▮en | sich i▮en | Progra▮ | Schlu▮ |

| sti▮en | pa▮en | bi▮ig | be▮er |

| me▮en | Ku▮ | bre▮en | besti▮t |

② Schreibe nur die Sätze ab, die Wörter
mit doppeltem Konsonanten enthalten.
Unterstreiche diese Wörter.

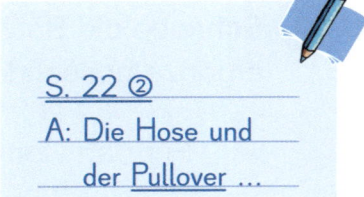

S. 22 ②
A: Die Hose und
   der Pullover ...

A Die Hose und der Pullover passen besser als erwartet.

B Die Kinder bitten ihre Eltern um einen neuen Fußball.

C Bente hofft, dass sie sich beim Rennen noch verbessern kann.

D Einige Kinder planen einen Ausflug zum nah gelegenen See.

E Lea und Lisa binden ihre Haare gern zu Zöpfen.

F Herr Kuzu will ein Kilogramm Nüsse für die Klasse kaufen.

G Tim hat bei der Tombola eine Giraffe aus Stoff gewonnen.

bestimmt, ein bisschen, kaputt, nummerieren, überall

① Entscheide, ob du ck oder k einsetzen musst.
Schreibe die Wörter auf.
Markiere wie im Beispiel.

Es gibt
mehr Wörter mit **ck**
als mit **k**.

S. 23 ①

Wörter mit ck	Wörter mit k
trocken	streiken
...	...

strei★en	tro★en	wa★eln	schme★en
La★en	erschre★en	Frühstü★	Geschma★
le★en	aufwe★en	Kü★en	Verpa★ung

② Schreibe die Sätze ab und ergänze
passende Wörter mit ck aus ①.
Unterstreiche alle Wörter mit ck.

S. 23 ②

A: Ein gesundes Frühstück ...

A | Ein gesundes ▢ ist täglich wichtig.

B | Das Handtuch am Haken ist noch nicht ▢.

C | Das Paket hat eine ▢ aus festem Papier.

D | Die roten Äpfel haben einen tollen ▢.

E | Der Dackel will Emil am liebsten quer durch das Gesicht ▢.

F | Lola nimmt ein Bettlaken und will als Gespenst Leute ▢.

G | Manche Menschen können mit den Ohren ▢.

der Bli**ck**, bli**ck**en, der Blo**ck**, drü**ck**en, die E**ck**e

① Überlege, ob du **tz** oder **z** einsetzen musst.
Schreibe die Wörter vollständig in eine Tabelle.
Markiere **tz** und **z**.

S. 24 ①

Wörter mit tz	Wörter mit z
Mütze	geizig
...	...

Mü☆e

tro☆dem

gei☆ig

Kreu☆

glän☆en

gan☆

Her☆

spri☆en

spi☆

 Kä☆chen

schmel☆en

Kran☆

 Kapu☆e

verle☆en

schma☆en

Pil☆

② Finde in jedem Kreis zwei verwandte Wörter.
Schreibe sie auf.

S. 24 ②

Glanz – glänzen, ...

Glanz
ganz
glänzen
Kranz

Heizung
herzlich
heizen
heilen

nutzen
motzen
nützlich
putzen

Hitze
Witze
hitzig
heiß

Herz
heizen
herzlich
heiß

Kreuz
Kranz
Kreuzung
Käse

geizig, plötzlich, der Schmutz, setzen – besetzt, die Verletzung

1 Löse das Rätsel.
Schreibe die Wörter mit ai auf.
Markiere ai.

S. 25 ①
A: Saite, ...

| Mais | Laich | Hai | Waise | Saite | Laib | Kaiser | Mai |

A Teil eines Musikinstrumentes

B Kind, das keine Eltern mehr hat

C Eier von Fischen und Fröschen

D fünfter Monat im Jahr

E Raubfisch mit spitzen Zähnen

F ein besonderer Herrscher, der über dem König steht

G große Pflanze, die als Frucht Kolben entwickelt

H Name für ein ganzes Brot

Kannst du dir alle acht Wörter mit **ai** merken und sie auswendig aufschreiben?

2 Finde acht passende
zusammengesetzte Nomen mit ai.
Schreibe sie mit ihrem Artikel auf.

S. 25 ②
das Maiglöckchen, ..

Mai	Brot	Waisen	Frosch
Mais	Gitarren	Kaiser	Hai
Kind	Fisch	Glöckchen	Saite
Kolben	Laib	Krone	Laich

M der Laich, die Waise

① Überlege, ob du **hl**, **hn** oder **hr** einsetzen musst.
Schreibe die Wörter vollständig in eine Tabelle.
Markiere die Merkstelle.

S. 26 ①

hl	hn	hr
hohl	...	...

ho▮	Ba▮	Ja▮	e▮lich
Le▮erin	belo▮en	fe▮erfrei	auswä▮en
o▮e	umke▮en	So▮	Erzä▮ung
Hu▮	Vorfa▮t	Frö▮ichkeit	Hö▮e

② Schreibe nur die Sätze ab, die stimmen.
Unterstreiche in deinen Sätzen
alle Merkwörter mit stummem **h**.

S. 26 ②

A: In einer Mühle ...

A In einer Mühle wird Korn zu Mehl gemahlen.

B Das Huhn ist ein Vogel mit hohlen Knochen ohne Zähne.

C Man sollte sich ohne Obst und Gemüse ernähren.

D In einer tiefen Höhle ist es meist dunkel und kühl.

E Man sollte nicht in der Nase und in den Ohren bohren.

F Einen Lehrer sollte man für seine Fehler belohnen.

G Wenn im Text die Fehler fehlen, ist der Text fehlerfrei.

H Sahne kann man mit einem Besen steif rühren.

M das Jahr, jährlich, das Ohr, rühren, der Stuhl

① Finde vier Wörter zu jedem Wortstamm.
Schreibe sie auf.
Unterstreiche den Wortstamm.

S. 27 ①
zahl/zähl: erzählen, ...
kühl: ...

zahl / zähl	kühl	bohr	fehl
Kühltasche	Fehler	erzählen	Bohrer
Erzählung	bohren	fehlen	abkühlen
kühlen	gebohrt	bezahlen	fehlerfrei
Erzählerin	Kühlschrank	Bohrung	befehlen

② Schreibe die Sätze ab und ergänze
passende Wörter aus ①.

S. 27 ②
A: Im Sommer hat
man ...

A Im Sommer hat man Getränke manchmal in einer ▢.

B Die Lehrerin will den Kindern eine Geschichte ▢.

C Der Zahnarzt arbeitet manchmal mit einem ▢.

D Lola kennt viele Geschichten und ist eine gute ▢.

E Wenn das Essen zu heiß ist, muss es zuerst ▢.

F Aus einem ▢ kann man lernen.

G Rani möchte Bente heute das Eis ▢.

M belohnen, bezahlen, die Erzählung, der Lehrer, die Lehrerin

1 Überlege, welche Strategie dir hilft,
die markierte Stelle richtig zu schreiben.
Schreibe die Wörter geordnet auf.

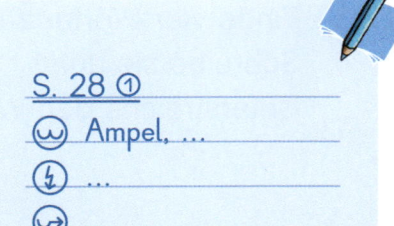

S. 28 ①
Ⓦ Ampel, ...
Ⓩ ...
Ⓗ ...
Ⓜ ...

Es sind **sieben Wörter zu jeder
Strategie**. Besprich dein Ergebnis
mit einem Partnerkind.

Ampel	Sätze	wütend
Schwester	Geburt	zerlegen
er schlägt	Maschine	Fernseher
vorsichtig	vorwärts	Päckchen
März	härter	er trägt	Kinderreim
Schulleitung	Gewächs	Mittag
Thema	Rand	Fahrräder
Fingerring	Feuerwehr	Kaiserkrone
Gewässer	Grund	Chance

Ⓜ brav, das Meer, der Schnee, der Schneemann, der Zahn

1 Schreibe die Wörter richtig auf.
Notiere das Strategiesymbol und das Wort,
das dir geholfen hat, wenn es eines gibt.

S. 29 ①
A: äußerlich ⚡ außen
B: ..

> Bei Merkwörtern gibt es
> kein Wort, das dir hilft. Daher gilt:
> Präge dir Merkwörter gut ein.

A Tims Verletzung war äußerlich/eußerlich nicht zu sehen.

B Der Schiedsrichter war nicht ganz fair/fähr zu einem Spieler.

C Der Zug hatte in letzter Zeit häufig/heufig Verspetung/Verspätung.

D Herr Kuzu sprach seiner Klasse ein grosses/großes Lob/Lop aus.

E Koki findet es prima/priema, im Internet zu sörfen/surfen.

F Am Sonntak/Sonntag kommt ein Verwandter/Verwanter.

G Emil hat morgen einen Arztermin/Arzttermin.

H Der Verkäufer/Verkeufer ordnet die Kleidung.

I Frau Sommer hänkt/hängt ihre Jacke über die Stuhlehne/Stuhllehne.

Schleichen sich manchmal Fehler in deine Wörter ein?
Hier sind **Lolas Tipps** für dich.

1. **Sprich** beim Schreiben
   in Silben leise mit. So
   vergisst du keinen Buchstaben.

Bücherregal

2. Überlege: groß
   oder klein?

   | Montag oder montag? |

   Der Montag – **die Montage**,
   der **spannende** Montag –
   also groß.

3. Überlege: d oder t, g oder k,
   b oder p am Ende des Wortes
   oder Wortstammes?

   | er glaubt oder er glaupt? |

   Ich **verlängere**:
   glauben –
   also er glaubt.

4. Überlege: ä oder e,
   äu oder eu?

   | schärfer oder scherfer? |

   Ich **leite ab**:
   schärfer von scharf –
   also mit ä.

5. Überlege: ein oder
   zwei Konsonanten?

   | Flosse oder Flose? |

   Nach einem
   kurzen Vokal folgen
   meist zwei Konsonanten.
   Also: Flosse.

① Wähle zehn oder mehr Wörter aus diesem
Heft aus, bei denen Lolas Tipps nützlich sind.
Schreibe sie auf, markiere jeweils die
schwierige Stelle und notiere das passende
Strategiezeichen.

S. 30 ①
...

Merkwörter soll man sich merken. Aber wenn das nicht klappt?
Hier sind **Lolas neue Tipps** für dich, die **Spaß machen** können.

1. **Spiele** mit Merkwörterkärtchen
   aus der Lernwörterkartei:

   a) Wähle fünf oder mehr Merkwörter aus.
      Ordne sie **nach dem Abc**.
      Danach: Alle Kärtchen lesen, merken,
      umdrehen und auswendig aufschreiben.

   > Du kannst die Merkwörter auch nach der Anzahl der Silben ordnen.

   b) Überlege dir **eine kleine witzige Geschichte**
      mit einigen Merkwörtern.
      Mit Hilfe der Geschichte kannst du
      dir die Wörter besser merken und
      sie nochmals aufschreiben.

   > Kann dein Partnerkind mit Hilfe der Merkwörter die Geschichte wiederholen?

   c) Erzähle deine kleine **Geschichte mit
      den Merkwörtern** einem Partnerkind.
      Es schreibt alle Merkwörter, die es
      heraushört, auf ein Blatt.

2. **Übt zu zweit oder in einer Gruppe.**

   a) **Wettspiel**: Wählt einen Merkwort-
      Schwerpunkt, zum Beispiel Merkwörter
      mit langem i-Laut. Nun muss jeder
      in einer bestimmten Zeit möglichst viele
      Merkwörter zu diesem Schwerpunkt
      notieren. Wer hat die meisten Merkwörter
      richtig notiert?

   > Zum **stummen h** gibt es ganz schön viele Wörter! Ich habe einige auf meinem Plakat nach Wortarten geordnet.

   b) **Kreativität gewünscht**: Erstellt gemeinsam
      Listen, Plakate oder Leporellos
      mit Merkwörtern.

① Übe Merkwörter mit Lolas Tipps allein oder
suche dir ein oder mehrere Kinder.
Markiere die schwierige Stelle in jedem Merkwort.

Trainingsheft
zum Grundwortschatz

Herausgegeben von:	Roland Bauer, Jutta Maurach
Erarbeitet von:	Martina Schramm in Zusammenarbeit mit der Redaktion Grundschule Deutsch 2–4
Redaktion:	Kristina Fischer, Sabine Gerber, Milena Lemke
Illustration:	Yo Rühmer, Frankfurt am Main
Umschlag:	Cornelia Gründer, Corngreen GmbH, Leipzig (Gestaltung); Yo Rühmer, Frankfurt am Main (Illustration)
Layout und technische Umsetzung:	lernsatz.de

Bildnachweis
Cover Cornelsen / Yo Rühmer **32** PEFC Deutschland e. V.

www.cornelsen.de

1. Auflage, 1. Druck 2024

Alle Drucke dieser Auflage sind inhaltlich unverändert
und können im Unterricht nebeneinander verwendet werden.

© 2024 Cornelsen Verlag GmbH, Berlin

Druck: ppm Fulda GmbH & Co. KG, Fulda

ISBN 978-3-464-80352-3 (Trainingsheft Grundwortschatz, Leihmaterial)

PEFC-zertifiziert
Dieses Produkt stammt
aus nachhaltig
bewirtschafteten Wäldern,
Recycling und
kontrollierten Quellen
PEFC/04-31-1308   www.pefc.de